BEI GRIN MACHT SICH IHR WISSEN BEZAHLT

André Thiessen

Faktoren einer erfolgreichen Markendehnung. Strategien zur Produkteinführung

GRIN Verlag

Bibliografische Information der Deutschen Nationalbibliothek:

Die Deutsche Bibliothek verzeichnet diese Publikation in der Deutschen National-
bibliografie; detaillierte bibliografische Daten sind im Internet über http://dnb.d-
nb.de/ abrufbar.

Impressum:

Copyright © 2006 GRIN Verlag GmbH
Druck und Bindung: Books on Demand GmbH, Norderstedt Germany
ISBN: 978-3-638-75182-7

Dieses Buch bei GRIN:

http://www.grin.com/de/e-book/53811/faktoren-einer-erfolgreichen-markendeh-
nung-strategien-zur-produkteinfuehrung

GRIN - Your knowledge has value

Der GRIN Verlag publiziert seit 1998 wissenschaftliche Arbeiten von Studenten, Hochschullehrern und anderen Akademikern als eBook und gedrucktes Buch. Die Verlagswebsite www.grin.com ist die ideale Plattform zur Veröffentlichung von Hausarbeiten, Abschlussarbeiten, wissenschaftlichen Aufsätzen, Dissertationen und Fachbüchern.

Besuchen Sie uns im Internet:

http://www.grin.com/

http://www.facebook.com/grincom

http://www.twitter.com/grin_com

Fachhochschule Trier – University of Applied Sciences

Standort Umwelt-Campus Birkenfeld

Fachbereich Umweltwirtschaft/Umweltrecht

Erfolgreiche Markendehnung

Seminararbeit im Rahmen des Proseminars

WS 2005/2006

eingereicht von:

Andreas Thiessen

Eingereicht am: 09.02.2006

Inhaltsverzeichnis

1 Einleitung 1

    1.1   Problemstellung 1

    1.2   Zielsetzung und Vorgehensweise 2

    1.3   Begriffliche Grundlagen 2

2 Markendehnung als Unternehmensstrategie 2

    2.1   Produktlinienerweiterung 2

    2.2   Dehnung in neue Produktkategorien 3

    2.3   Master-Branding 4

    2.4   Co-Branding 5

3 Chancen und Risiken der Markendehnung 5

    3.1   Chancen der Markendehnung 5

    3.2   Risiken der Markendehnung 8

4 Fallbeispiel Nivea 10

5 Fazit 11

1 Einleitung

1.1 Problemstellung

Das Thema dieser Arbeit „Erfolgreiche Markendehnung" soll sich im Folgenden mit den Anforderungen der aussichtsreichen und erfolgreichen Markendehnung auf neue Produkte befassen.

„Die Markenausdehnung kennzeichnet einen Managementprozess, bei welchem die Werte einer etablierten Marke für neue Produkte durch Verwendung eines gemeinsamen Namens und einer gemeinsamen Ausstattung mit dem Ziel der Übertragung positiver Imagebestandteile genutzt werden."[1]

Der Strategie der Markenausdehnung folgten in den letzten zwei Jahrzehnten immer mehr Unternehmen. Waren zwischen 1977 und 1984 nur 40 Prozent der Neueinführungen Markenausdehnungen, stieg dieser Prozentsatz bis zum Jahr 1991 auf 90 Prozent.[2]

Allerdings wird die Strategie der Markenausdehnung auf Grund der mit ihr verbundenen Risiken auch immer wieder kritisiert.[3]

„Grundsätzlich stehen Unternehmen zum Aufbau und zur Erhaltung strategischer Erfolgspotenziale folgende Produkt-Marken-Optionen zur Verfügung:

Wachstum ist mit

- vorhandenen oder mit neuen Marken in

- bisherigen oder in neuen Produktkategorien

möglich.

Bei der Nutzung vorhandener Marken handelt es sich um Markendehnungen durch Produktlinienerweiterungen oder durch Markenerweiterungen (= Dehnung der Marke in neue Produktkategorien)."[4]

---

[1] Gabler Wirtschaftslexikon, 2004, S. 1979

[2] Vgl. Rangaswamy/Burke/Oliva, 1993, S. 61

[3] Vgl. Ries/Trout, 1986, S. 101

[4] Esch, Franz-Rudolf, Strategie und Technik der Markenführung, 2003, S. 265

1.2 Zielsetzung und Vorgehensweise

Diese Arbeit soll inhaltlich die Besonderheiten der Markendehnung hervorheben, um dem Leser einen, dem Umfang entsprechenden Einblick in die Materie zu ermöglichen. Nachdem spezielle Formen der Markendehnung besprochen worden sind, sollen die Chancen und Risiken aus Sicht des Unternehmens aufgezeigt werden. Der Leser soll hier die wesentlichen Charakteristika von einer erfolgreichen Markendehnung kennen lernen und durch diverse Beispiele veranschaulicht bekommen.

Im Folgenden werden Anforderungen und Herausforderungen der Markendehnung an einem Fallbeispiel der Marke Nivea dargestellt.

Nachdem die Arbeit von einem allgemeinen Begriff hin zu einem spezielleren Thema formuliert wurde, wird sie in einem Fazit ihr Ende finden.

1.3 Begriffliche Grundlagen

Diese Arbeit benutzt oft Begriffe die synonym zu Markendehnung und Unterbegriffen verwendet werden. Markendehnung wird in der Literatur oft auch mit Brand-Stretching, Markenerweiterung, -ausdehnung oder -transfer bezeichnet.

2 Markendehnung als Unternehmensstrategie

2.1 Produktlinienerweiterung

„Die Produktlinienerweiterungsstrategie beschreibt die Expansion einer Marke in gleichen oder verwandten Produktkategorien."[5]

Die häufig angewandte Produktlinienerweiterung ist oft nur ein Prozessschritt im Marktwachstum und beim Versuch der Produktdifferenzierung. So versucht ein Zigarettenhersteller durch ein breit gefächertes Angebot den Kundenwünschen zu entsprechen. Er benutzt aber bei neuen Produkten, bei welchen bspw. nur der Geschmack verändert wurde (z.B. Menthol), den bereits bekannten Namen der Stammmarke.

---

[5] Keller, 2003, S. 578

„Hierdurch wird es möglich, Wissensstrukturen in Form von Markenbekanntheit und –image, die Nachfrager hinsichtlich einer etablierten Marke in der Vergangenheit aufgebaut haben, auf das Neuprodukt zu transferieren."[6]

„Voraussetzung einer Produktlinienerweiterung sind hinreichend klar abgrenzbare und ergiebige Kundensegmente, die durch entsprechende Produktvarianten einer Marke auch ansprechbar sind. Das Markenimage sollte jedoch bei Produktlinienerweiterungen kaufrelevant sein. Ziel einer solchen Strategie ist eine möglichst umfassende Marktabdeckung."[7]

Mit dieser Strategie möchte man vor allem auch die Bearbeitung von Nischen durch Konkurrenten verhindern. Entscheidend demzufolge ist nicht unbedingt der erwartete mögliche Umsatz sondern vielmehr das Verhindern der Sicht beim Nachfrager, das Sortiment sei nicht vollkommen. Z.B. erwartet der Nachfrager mehrere Sorten einer Zigarettenmarke, wie „West", „West Light", „West Medium", „West 100" etc.

2.2 Dehnung in neue Produktkategorien

Bei der Entwicklung neuer Marken ist immer mit hohen Marketingaufwendungen zu rechnen, bis die Marke zu den bekannten und akzeptierten Alternativen bei den Kunden gehört. Gründe dafür sind die wachsende Informationsüberflutung und der hohe Kommunikationsdruck, dem die Kunden ausgesetzt sind. Zudem kämpfen immer mehr Marken um die Aufmerksamkeitsgunst der Konsumenten. Ferner sind auch die Listungskosten neuer Marken im Handel zu berücksichtigen, um eine entsprechende Distribution zu gewährleisten.

Nicht zuletzt aus diesen Gründen sind die Einführungskosten für neue Marken sehr hoch.[8] „Nach einer Managerbefragung liegen die geschätzten Investitionen zur Einführung einer Biermarke bei 90 Mio. Euro, eines Shampoos bei 50 Mio. Euro und einer Tafelschokolade bei 75 Mio. Euro."[9]

---

[6] Sattler, Henrik, Markenpolitik, 2001, S. 70

[7] Esch, Franz-Rudolf, Markenführung, 2003, S. 265

[8] Vgl. Esch, Franz-Rudolf, Strategie und Technik der Markenführung, 2003, S. 268

[9] Sattler, Henrik, 1997, S. 88

Alle diese Barrieren sollen durch eine Markendehnung verringert oder möglichst beseitigt werden. So hat man bei neuen Produkten mit bereits bekannten (Stamm-) Marken wesentlich geringere Einführungspreise.

Die Markendehnung stellt die zurzeit am häufigsten verwandte Strategie zur Einführung eines Produkts in einen […] neuen Markt dar. Dies zeigt sich am abnehmenden Anteil neuer Marken an „erfolgreichen" Produktneueinführungen im Lebensmittelhandel […]. Die Ausweitung der Modemarke Armani auf Armani Parfum oder Armani Brillen ist ein typisches Beispiel für eine Markenerweiterung.[10] Hierbei werden die bereits aufgebauten positiven Assoziationen und Vorstellungen beim Konsumenten genutzt. Diese sollen auf das neue Produkt ausstrahlen und somit die getätigten Kommunikationsausgaben kapitalisieren. Wenn man es erst geschafft hat ein „Gesicht in der Menge" mit einer Marke zu sein, bietet sich eine Übertragung auf neue Produkte geradezu an. Eine Markenpersönlichkeit erzeugt bei Konsumenten immer bestimmte Assoziationen. So verbindet man bei Porsche die Eigenschaften Sportlichkeit, Exklusivität, Schnelligkeit und Ledersitze mit dem produzierten Fahrzeug.

Im Folgenden soll noch auf zwei spezielle und immer beliebter werdende Formen der Markendehnung eingegangen werden.

2.3 Master-Branding

Master-Branding ist eine spezielle Form der Markendehnung. Die bisher bekannte Marke wird um einen Zusatz erweitert, um neue Assoziationen zu ermöglichen. Neue Assoziationen die von der Stammmarke nicht abgesteckt sind.

Das Ziel einer solchen Ergänzung liegt darin, einzelne Imagebestandteile stärker zu betonen. Eine solche Strategie kann deshalb zweckmäßig sein, weil eine Marke oft für ganz bestimmte Produktbereiche steht und deshalb oft nur enge Erweiterungen möglich wären. Dies kann durch Ergänzung eines Master-Brand mit einem zusätzlichen Namen umgangen werden. Bei der Marke Boss würde demnach dem Markennamen eine Ergänzung hinzugefügt: Hugo [Erweiterung] von Boss [master].[11]

---

[10] Vgl. Esch/Fuchs/Bräutigam, Moderne Markenführung, 2001, S. 759

[11] Vgl. Esch, Franz-Rudolf, Moderne Markenführung, 2001, S. 761

2.4 Co-Branding

„Beim Co-Branding schließen sich [...] zwei Marken verschiedener Unternehmen zusammen und bringen unter beiden Marken ein neues Produkt auf den Markt."[12] „Die Chancen des Co-Branding liegen in der Möglichkeit der Übertragung positiver Imagekomponenten"[13] auf das neue Produkt. Diese positiven Ausstrahlungen von zwei Marken auf ein Produkt können im Idealfall auch negative Vorstellungen der einen Marke durch die positiven Assoziationen der zweiten Marke kompensiert werden. „Ein Beispiel hierfür wären Porsche Design-Uhren von IWC. Damit möchte man erreichen, dass sowohl die positiven Assoziationen zu Porsche als auch die Uhrenfabrikanten IWC auf das gemeinsame Produkt ausstrahlen. Der zusammengesetzte Markenname soll dazu beitragen, das Erweiterungsprodukt im Vergleich zu einer direkten Erweiterung einfacher und kostengünstiger einzuführen."[14]

3 Chancen und Risiken der Markendehnung

3.1 Chancen der Markendehnung

Goodwill-Effekte auf die Stammmarke

Chancen ergeben sich nicht nur für das neue Produkt sondern auch für die Stammmarke.

„So können sich hierdurch positive Rückwirkungen auf die Stammmarke und sämtliche unter dieser Marke angebotenen Produkte ergeben. So konnte der Erfolg eines Markentransfers von Jaguar im Jahr 1988 mit der Einführung eines insbesondere technisch wesentlich verbesserten Pkws den Absatz sämtlicher Jaguar-Automobile deutlich erhöhen. Positive Rückwirkungen von Markentransfers können auch dazu

---

[12] Esch, Franz-Rudolf, Strategie und Technik der Markenführung, 2003, S. 340

[13] Gabler Wirtschaftslexikon, 2005, S. 600

[14] Esch, Franz-Rudolf, Moderne Markenführung, 2001, S. 761

eingesetzt werden, eine Umpositionierung der Stammmarke vorzunehmen."[15] Umpositionierungen in Richtung Innovation oder Verjüngung wären möglich.

Zeit- und Kostenvorteil

Wesentliche Chancen von Markentransfers bestehen in Zeit- und Kostenvorteilen. Die Ursachen hierfür sind insbesondere darin zu sehen, dass im Zuge des Markentransfers die Wissensstrukturen der im Markt etablierten Stammmarke zu einem gewissen Grade auf das Neuprodukt übertragen werden können und von daher Markenbekanntheit und -image des Neuprodukts bereits zu wesentlichen Bestandteilen vorhanden sind. Insbesondere für Low-Involvement-Produkte reicht mitunter ein hoher Bekanntheitsgrad für den Erstkauf eines Neuprodukts aus.[16] Kommunikationsmaßnahmen für ein Neuprodukt erzeugen auch positive Rückwirkungen auf andere Produkte der Marke. Werbung für Cherry-Coke erinnert den Konsumenten auch gleichzeitig an Coca-Cola.

Verbundseffekte

Absatzsteigerungen lassen sich auch durch markentransferbedingte Intensivierungen von Verbundseffekten zwischen den Produkten mit einheitlichem Markenzeichen realisieren. Dies kann durch die Vermittlung eines Systemgedankens erfolgen.[17] „So gelingt es z.B. führenden Anbietern von Haarpflegeprodukten wie L'Oréal oder Wella, bei Konsumenten den Eindruck zu erwecken, dass der Gebrauch von Shampoo, Spülung und Haarspray derselben Marke eine bessere Wirkung erzielt als eine Mixtur von Produkten unterschiedlicher Marken."[18]

Geringes Floprisiko

Aus Sicht des Unternehmens ist ein Neuprodukt mit bekannter Marke weitaus weniger riskant als ein Neuprodukt mit Schaffung einer neuen Marke.

---

[15] Sattler, Henrik, Erfolgsfaktor Marke, 2001, S. 144-145
[16] Vgl. Sattler, Henrik, Erfolgsfaktor Marke, 2001, S. 143
[17] Vgl. Schiele, 1999, S. 197
[18] Sattler, Henrik, Erfolgsfaktor Marke, 2001, S. 144

„Durch die Steigerung von Marketingeffektivität und –effizienz auf Grund der Aus-nutzung marktgerichteter und interner Synergien wird [...] insgesamt eine Re-duktion des Floprisikos des neuen Angebots angestrebt."[19]

Umgehung von Werbebeschränkungen
Bestehende Werbebeschränkungen können durch eine Markenerweiterung umgan-gen werden. Durch die Ausweitung einer Zigarettenmarke auf andere Produktkate-gorien lässt sich beispielsweise das Fernseh-Werbeverbot für Tabakwaren in Deutschland umgehen.[20] „Marlboro könnte beispielsweise für Marlboro-Reisen werben, was wiederum positive Effekte für Bekanntheitsgrad und Image der Stammmarke hätte."[21]

Besseren Zugang zum Handel
Beim Handel erwartet man sich von der Nutzung einer etablierten Marke eine Ver-besserung der Point-Of-Sale-Präsenz der Unternehmung und der Marke.[22] Zudem will der Handel verhindern, dass der Kunde denken könnte, sein Sortiment sei nicht komplett.
„Daraus folgt eine höhere Listungsbereitschaft im Handel. Entsprechend geringer wird auch der Akquiseaufwand für den Hersteller beim Handel eingeschätzt."[23]

Entkoppelung von Produktlebenszyklen
„Schließlich sind Markentransfers die Voraussetzung dafür, dass Markenlebenszyk-len von Produktlebenszyklen entkoppelt werden können. Durch den Transfer von Markenbekanntheit und –image von Produkten, die sich am Ende des Produkt-lebenszyklus befinden, auf Nachfolgeprodukte wird es möglich, das in die Marke investierte Kapital über einen einzelnen Produktlebenszyklus hinaus zu nutzen."[24]

---

[19] Caspar, Mirko, Markenmanagement, 2002, S. 237

[20] Vgl. Meffert, H., 1994, S. 190

[21] Esch, Franz-Rudolf, Strategie und Technik der Markenführung, 2003, S. 289

[22] Vgl. Wölfer, U., 1994, S.527

[23] Esch, Franz-Rudolf, Moderne Markenführung, 2001, S. 765

[24] Sattler, Henrik, Erfolgsfaktor Marke, 2001, S. 145

3.2 Risiken der Markendehnung

Kannibalisierungseffekt

Oft spielt bei der Überlegung zur Markendehnung der Kannibalisierungseffekt einen entscheidenden Faktor. Dieses Risiko wird oft gescheut, weil Umsatzeinbußen des bisherigen Stammprodukts gefürchtet werden. Im Medienmarkt wurde zum Beispiel bei vielen Ausdehnungen von Printmedien befürchtet, durch Angebote im Internet oder Fernsehen das Kerngeschäft zu kannibalisieren. Daher scheuten sich zum Beispiel viele traditionelle Medienunternehmen, ein vollwertiges Angebot ihrer etablierten Marken ins Internet zu stellen. Allerdings sollte sich das Markenmanagement dabei immer auch die Frage stellen, ob eine Unterlassung der Markendehnung das Umsatzvolumen nicht durch neue Wettbewerbsangebote bedroht wird. Gerade in [...] den Industrien wie Telekommunikation, Medien und IT ist die Bedrohung der Ursprungsmarken durch andere, oft neue Wettbewerber nicht zu unterschätzen. In diesem Fall ist die eigene Kannibalisierung dem Umsatzverlust durch die Wettbewerber natürlich vorzuziehen.[25]

Imageschaden der Stammmarke

„Eine Unzufriedenheit der Konsumenten mit dem Neuprodukt kann die Assoziationen zur etablierten Marke ebenfalls negativ beeinflussen. Gerade im Falle zu zahlreicher oder zu schnell aufeinanderfolgender Markentransfers [...] kann es zu einer Markenerosion kommen."[26]

Misstrauen des Handels

Auch wenn Markendehnungsstrategien prinzipiell den Zugang zum Handel fördern können, so hat die insbesondere durch Markendehnungsstrategien begünstigte Inflation an Produktangeboten insgesamt zu einer Erschwernis der Distribution geführt. Dies gilt vor allem dann, wenn der Handel davon ausgeht, dass mit neuen

---

[25] Vgl. Caspar, Mirko, Markenmanagement, 2002, S. 239-240
[26] Esch, Franz-Rudolf, Moderne Markenführung, 2001, S. 766

Markentransfers lediglich eine Umschichtung von Umsätzen, nicht jedoch ein Umsatzgewinn einhergeht.[27]

Fehlende Relevanz des Images

Transferierte Assoziationen der Stammmarke können auf Grund fehlender Relevanz oder neuer, situationsspezifischer Konnotationen negative Affekte im neuen Kontext hervorrufen. Im schlimmsten Fall kann durch die Ausdehnung zudem die Stammmarke durch Rücktransfer neu gebildeter negativer oder widersprüchlicher Assoziationen angegriffen werden. So war z.b. der Transfer der Marke Levi's auf klassische Herrenanzüge ein Misserfolg und bewirkte zudem eine Imagebeschädigung der Marke, die auch zu negativen Effekten auf dem Jeansmarkt führte.[28]

Koordinationsaufwand

„Mit zunehmender Anzahl von Produkten unter einem einheitlichen Markenzeichen wächst der Koordinationsbedarf zwischen den Marketingmaßnahmen der Stammmarke und der Transferprodukte. Aufgrund der bestehenden Synergieeffekte müssen bei allen Entscheidungen mögliche Auswirkungen auf andere Produkte der Marke berücksichtigt werden."[29]

Im Allgemeinen wird davon ausgegangen, dass die Erweiterung der Marke Gucci auf über 14.000 Produkte [...] zu einem zu hohen Koordinationsaufwand, unterschiedlichen Qualitätsniveaus und divergierenden Markenkonzepten der Produkte geführt haben. Dies hat [...] einen signifikanten Verlust an Glaubwürdigkeit [...] verursacht.[30] Der hohe Koordinationsaufwand, wie an diesem Beispiel zu erkennen, birgt die Gefahr der Unlenkbarkeit der Marketingmaßnahmen in sich.

---

[27] Vgl. Sattler, Henrik, Erfolgsfaktor Marke, 2001, S. 148

[28] Vgl. Aaker, 1990, S. 50,52

[29] Sattler, Henrik, Erfolgsfaktor Marke, 2001, S. 148

[30] Vgl. Aaker, 1990, S. 53

4   Fallbeispiel Nivea

Nachfolgendes Beispiel soll zeigen, welche Aspekte zu beachten sind, wenn eine Markendehnung in Erwägung gezogen wird. Kapferer teilt die Markendehnung in mehrere Zonen auf:[31]

1. Zone: *Innerer Kern: Ausdehnung der Produktlinie*
2. Zone: *Äußerer Kern: Spontane Assoziation*
3. Zone: *Ausdehnungsbereich: Latente Möglichkeiten*
4. Zone: *Verbotene Zone: Bedrohung des Markenkapitals*

„Nivea hat dies vorbildlich praktiziert: Zunächst wurden solche Produktkategorien erschlossen, die nah am Markenkern lagen. Erst viel später kamen weiter entfernte Kategorien […] hinzu. Erst die vorangegangenen Dehnungsschritte und die damit verbundene Erweiterung der Kompetenz der Marke Nivea haben dies ermöglicht."[32] „So konnte z.b. Nivea Visage eingeführt werden, nachdem in den Bereichen Creme und Body eine starke Stellung und ein hoher Marktanteil erreicht waren.

Mit diesem Vertrauensfundus war es möglich, in den anspruchsvolleren Bereich der Gesichtspflege zu gehen. Dieses Vorgehen war nicht unumstritten und noch im Jahre 1991 gab es kritische Stellungnahmen von Finanzanalysten. Sie glaubten, der Ausflug in die höherwertige Kosmetik werde für Nivea in einer Katastrophe enden.

Nachdem Nivea einen Marktanteil von über 15% in der „normalen" Gesichtspflege erreicht hatte, war es möglich, in die Pflege der reifen Haut zu gehen und hierzu Nivea Vital zu erfinden. Dies war ein mutiger Schritt der Markendehnung, zumal die Alterskomponente ja nicht nur Vorteile hat: Die Käuferschaft ist zwar groß, aber die Überalterung der Marke droht als Gefahr.

Noch gefährlicher war die Einführung von Nivea Deo. Hier ist der Hauptnutzen des Produktes nicht etwa die Pflege, sondern die deodorierende Wirkung. Die Pflege ist ein Sekundärnutzen. Um die Einführung dieses Produktes hat es aus guten Gründen erhebliche Diskussionen gegeben. Nach 10 Jahren Erfolg und nach der Erringung der Markt-

---

[31] Vgl. Kapferer, Jean-Noel, Die Marke – Kapital des Unternehmens, 1992, S. 139

[32] Esch, Franz-Rudolf, Strategie und Technik der Markenführung, 2003, S. 257

führerschaft in vielen Ländern kann man sagen, dass Nivea Deo die richtige Balance zwischen Hauptnutzen und Zusatznutzen hat."[33]

5   Fazit

Markendehnungsverläufe können ganz unterschiedlich verlaufen. Physische Produkte haben es grundsätzlich schwerer im Gegensatz zu immateriellen Gütern. Konsumenten gewöhnen sich an Produkte und deren Nutzen. Dann ist es ihm schwer vermittelbar, mit derselben Marke plötzlich einen neuen Nutzen zu assoziieren.

Marken von immateriellen Gütern haben es einfacher, da der Kunde ihre Ware nicht mit „etwas zum Anfassen" verbinden. Die Vermarktung von Fußballclubs oder die erfolgreiche Harry-Potter Merchandising Kampagne zeigen es.

Der Schritt zur Markendehnung sollte vor allem bei älteren Marken stark in Erwägung gezogen werden. Die Furcht vor diesem Schritt verhindert nicht nur mögliche Umsätze, sie „bedeutet zugleich die Absage an die weitere Entwicklung der Marke. Eine Marke, die keine Innovation in neue Produktfelder unternimmt, wird alt und ihrer Wachstumskraft beraubt. Es gilt also in jedem Fall die Grenzen der Belastbarkeit zu überprüfen."[34]

„Die Marke […] hat eine Chance, ewig zu leben. Es gibt für eine Marke keine Lebenszyklen, jedenfalls nicht bei richtiger Führung. […] Wenn die Marke in Extreme verfällt, […] dann geht sie kaputt. Die Wachstumschance der Marke liegt im gezielten und dosierten Ausdehnen."[35]

---

[33] Kunisch, Rolf, Erfolgsfaktor Marke, 2001, S. 152-153

[34] Kunisch, Rolf, Erfolgsfaktor Marke, 2001, S. 153

[35] Kunisch, Rolf, Erfolgsfaktor Marke, 2001, S. 151

Literaturverzeichnis

Aaker, D. A.: Brand Extensions: The Good, the Bad, and the Ugly, Sloan Management Review, 31. Auflage, 1990

Caspar, M.: Markendehnungsstrategien, in Meffert, H., Burmann C., Koers, M.: Markenmanagement: Grundfragen der identitätsorientierten Markenführung, Verlag Gabler, Wiesbaden, 1. Auflage, 2002

Esch, F.-R., Fuchs, M., Bräutigam, S., Redler, J.: Konzeption und Umsetzung von Markenerweiterungen, in Esch, F.-R., Moderne Markenführung, Verlag Gabler Wiesbaden, 3. Auflage, 2001

Esch, F.-R.: Moderne Markenführung: Grundlagen – Innovative Ansätze - Praktische Umsetzungen, Verlag Gabler Wiesbaden, 3. Auflage, 2001

Esch, F.-R.: Strategie und Technik der Markenführung, Verlag Vahlen, München, 1. Auflage, 2003

Gabler Wirtschaftslexikon: 16. Auflage, GWF Fachverlage, Wiesbaden, 2005

Kapferer, J.-N.: Die Marke – Kapital des Unternehmens, Verlag Moderne Industrie, Landsberg/Lech, 1992

Keller, K. L.: Strategic Brand Management: Building, Measering, and Managing Brand Equity, Upper Saddle River/NJ: Prentice-Hall, 2003

Kunisch, R.: Brand Stretching: Chancen und Risiken – Erfahrungen aus der Praxis, in: Köhler, R., Majer, W., Wiezorek, H., Erfolgsfaktor Marke – Neue Strategien des Markenmanagements, Verlag Vahlen München, 1. Auflage, 2001

Meffert, H.: Entscheidungsorientierter Ansatz der Markenpolitik, in: Bruhn, M., Handbuch Markenartikel, Bd.1, Verlag Schäffer-Poeschl, Stuttgart, 1994

Rangaswamy, A., Burke, R.R. & Oliva, T.A.: Brand equity and the extendibility of brand names, *International Journal of Research in Marketing,* 10. Auflage, 1993

Ries, A., Trout, J.: Positionierung: die neue Werbestrategie, Hamburg u.a.: McGraw-Hill, 1986

Sattler, H.: Brand-Stretching: Chancen und Risiken, in: Köhler, R., Majer, W., Wiezorek, H., Erfolgsfaktor Marke – Neue Strategien des Markenmanagements, Verlag Vahlen München, 1. Auflage, 2001

Schiele, T. P.: Markenstrategien wachstumsorientierter Unternehmen, Deutscher Universitätsverlag Wiesbaden, 1999

Wölfer, U.: Produktlinienerweiterung (Line extension), in: Bruhn, M., Handbuch Markenartikel, Bd. 1,Verlag Schäffer-Poeschel, Stuttgart, 1994